grafologia

LOS SECRETOS DE LA ESCRITURA

Por SASHA

COLECCIÓN VER MÁS ALLÁ

índice

Prólogo

Desde tiempos lejanos, al ser humano le han interesado los fenómenos y los misterios relacionados con lo que encierra la escritura. Como con muchos fenómenos similares, tenemos algunos antecedentes que significan un avance y una aproximación, pero es en la era moderna y en la actualidad, cuando se logran los mayores avances y sistematizaciones de la disciplina que llamamos Grafología.

En esta obra trataremos acerca de esos antecedentes, y nos introduciremos en los rudimentos del análisis grafológico básico, sobre todo en la Primera Parte, donde nos acercaremos a los fundamentos de este saber.

Luego, en la Segunda Parte, veremos los detalles que nos permitirán realizar un análisis: qué significa una letra armónica y una inarmónica; qué una grafía ascendente o descendente, ligera o pesada, alta o baja, ancha o estrecha, ordenada o confusa, pequeña o grande, por decir sólo algunos ejemplos de tipo de grafía.

Por último, en la conclusión, señalamos algunos aspectos que no pueden estar ausentes en un análisis, pero que por cuestiones de espacio, pueden ser objeto de otro trabajo (pero deben ser integrados en un análisis completo). A su vez, allí señalaremos el espíritu del análisis grafológico: no generalizar, utilizarlo con prudencia y no guiarse por elementos aislados sino combinar todos los aspectos.

Es así como esta herramienta nos será útil, teniendo en cuenta que ya es reconocida en ámbitos como la selección de personal, la psicología forense, el psicodiagnóstico, y –lo que es más interesante a nuestros fines y el de los lectores– la vida cotidiana.

Los invitamos a adentrarnos en este apasionante mundo.

PRIMERA PARTE

INTRODUCCIÓN A LA GRAFOLOGÍA

capítulo 1

NOCIONES PRELIMINARES

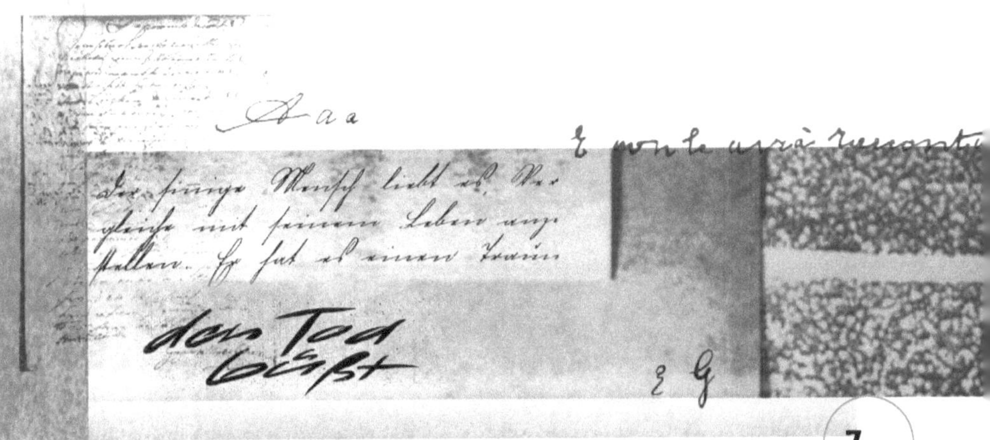

La gran pregunta que debemos hacernos para comenzar este libro es: ¿en qué consiste la disciplina de la grafología?

Pero junto a esta cuestión, que de por sí implica un amplio desarrollo que será el centro de nuestra obra, se abren nuevos interrogantes que intentaremos responder.

Estos son los varios interrogantes:

- ¿existe una ciencia grafológica?
- ¿tiene fundamentos científicos valederos?
- en ese caso ¿cuáles son sus alcances?
- ¿podemos confiar en los análisis grafológicos
y en las respuestas de los grafólogos?
- ¿con qué otras disciplinas o ciencias podemos
apoyar las conclusiones de la grafología?
- ¿cuáles son los usos y aplicaciones de la grafología?

Como vemos, son muchas las cuestiones para comenzar, y éstas poseen tanto un interés teórico como práctico.

Para comenzar, diremos que la grafología se apoya en algunos de los descubrimientos y desarrollos de la psicología.

Muchos psicólogos dedicados a esta disciplina, basan sus fundamentos en lo que se conoce como el mecanismo psicológico de la proyección, que ha sido "descubierto", planteado y explicado por la teoría psicoanalítica. Más adelante profundizaremos sobre este punto, pero para comenzar diremos que la proyección es aquel mecanismo de defensa de la mente, que consiste en expulsar hacia fuera y depositar en una persona u objeto exterior, lo que en principio se contiene internamente.

En principio, cuando escribimos, se activa este mecanismo: volcamos sobre el papel, aspectos internos, ligados a nuestra historia y nuestra personalidad, y ésta es la principal razón para invocar cuando queremos explicarnos porqué las personas poseen tan distintas y variadas formas de escribir, aunque cuenten para hacerlo con los mismos caracteres gráficos aprendidos e, incluso, a veces, con la misma enseñanza escolar acerca de cuál es la grafía correcta (recordemos que era tradicional aprender caligrafía, es decir, una forma correcta de "dibujar" las letras, si bien esta enseñanza esta siendo dejada de lado y reemplazada).

Con esta pequeña introducción, lo que queremos señalar y aclarar, es que en la escritura se ponen en juego aspectos propios, personales y únicos, ligados a la personalidad singular. Y que además, en la grafología, se tienen en cuenta principalmente (para el análisis) aspectos formales de la escritura y no aspectos de contenido. Esto más adelante nos parecerá una obviedad, pero en esta fase introductoria es importante aclararlo: no es importante para la grafología qué se escribe, sino cómo se escribe. Y sobre esto último es importante a su vez, realizar otra aclaración: en ese "cómo se escribe" tampoco se tiene en cuenta la ortografía, la redacción o la sintaxis.

Entonces, la grafología no es el análisis de:

• la ortografía
• la corrección o ajuste de la caligrafía
• el contenido, significado o mensaje de lo escrito.

Y sí, en cambio, y a modo de definición, podemos decir que es:

• el análisis de aspectos de la personalidad de un sujeto, realizado a través del análisis de su letra y su escritura (incluyendo su firma).

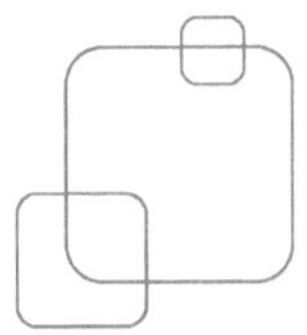

capítulo 2

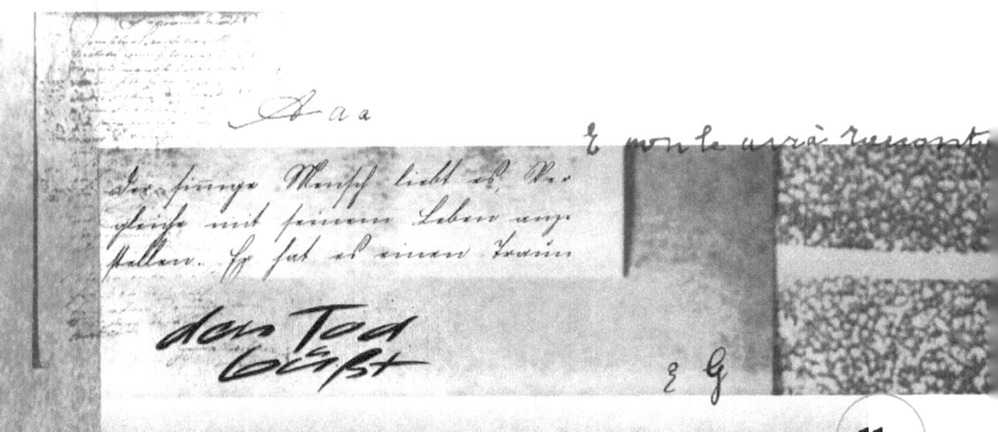

Hay algunas referencias bibliográficas que indican que la historia de la disciplina grafológica tiene un punto de comienzo en Italia en 1622 (al menos hasta donde se conoce).

En esa fecha y lugar, el famoso médico y profesor boloñés Baldo, puso el primer ladrillo en la construcción de este saber. Para saberlo, basta con apreciar el título de la obra que encaró, que habla por sí mismo: **"Tratado sobre cómo de una carta misiva se conocen la naturaleza y las cualidades del escribiente"**.

En forma contemporánea, su colega el investigador Della Porta, escribe su obra **"Sobre la fisonomía"**, que tiene en común el método de investigación que se utiliza.

Veamos si las palabras dichas en esa época no constituyen acaso un gran avance en la consideración de una ciencia grafológica:

• "Es evidente que todos los hombres escriben de una manera determinada y que cada uno imprime en la forma de sus letras un carácter personal de difícil imitación. Si la escritura es lenta y ejerciendo mucha presión sobre la pluma, es probable que el escritor tenga una pluma dura, pesada, perezosa; por lo tanto es sensato y conforme al buen sentido suponer que no es muy inteligente ni muy rápido".

• "Si la escritura es rápida y las letras son desiguales, las unas finas y las otras gruesas, podrá concluirse que es desigual en sus actos".

• "Por otra parte, el que tiene una escritura rápida, igual, elegante, hasta el punto de sentir el placer material de escribir, nunca será un científico ni un genio. Raramente brilla por su inteligencia o prudencia quien tanto acaricia su grafía".

Si bien algunas de estas afirmaciones de Baldo tienen mayor o menor vigencia, y están muy influidas por la cosmovisión de la época, es interesante rescatar una última cita suya:

• "Para analizar la índole de una persona por su grafía, es menester analizar su escritura verdadera (no la artificial), sobre todo la de las letras íntimas, y cerciorarse de que fuera escrita en condiciones normales".

También en esa época el famoso profesor de anatomía y cirugía de Nápoles, Marco Aurelio Severino, comenzó la publicación de una obra sobre la adivinación del carácter a través de la escritura: "Vaticinator, sive tractatus de divinatione litterali". No pudo culminar su obra porque murió víctima de la peste.

Existen otros antecedentes importantes en la historia de la grafología, o que se llamaba para la época que estamos abordando, la adivinación del carácter o índole de una persona a través de su grafía.

Estos antecedentes históricos que cabe mencionar, y que son citados -entre otros autores contemporáneos- por C. Vanini, son:

• Johann Kaspar Lavater, y la creación de su teoría fisiognómica, en la que incluye tanto el análisis de la escritura, como de la pintura, el caminar, y algunos caracteres nacionales constantes".

• El Abad Michon (para muchos este francés fue el verdadero creador de la ciencia grafológica), cuya obra "Los Misterios de la escritura", de 1872, fue un auténtico paso adelante revelador.

El Abad Michon estudió, analizó y reveló una gran cantidad de signos, y desarrolló una interpretación, algo improvisada y caótica, pero que implicó un avance cuantitativo y cualitativo en esta disciplina.

Pero luego de él, la sistematización y racionalización de este saber, estuvo a cargo de otro francés: Crépieux Janim.

Estos investigadores tienen el enorme mérito de haber realizado los primeros pasos en este oscuro y difícil camino, pues la grafología fue muchas veces resistida.

Esto es así aunque sus descubrimientos no siempre poseen vigencias a la luz de los avances contemporáneos y las diversas aplicaciones y reconocimiento que en distintos ámbitos fue ganando la grafología.

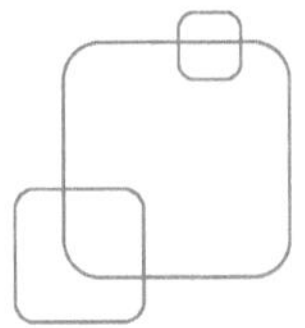

capítulo 3

LA GRAFÍA

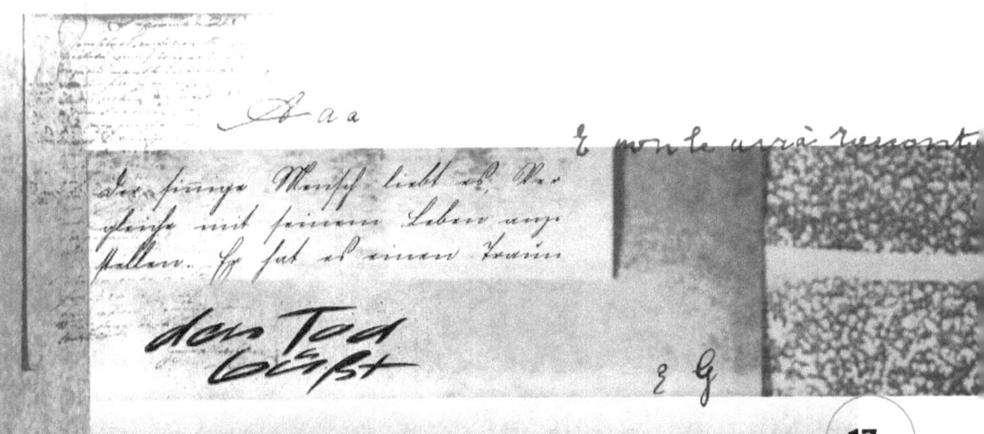

Sobre los signos generales de la grafía

Para no cometer errores iniciales en el análisis grafológico, y poder tener un acercamiento a los rasgos psicológicos fundamentales de un sujeto, se deben tener presentes diversos conceptos y elementos, que se pueden agrupar en:

- los signos generales
- los signos particulares
- las resultantes

Un análisis grafológico adecuado no puede descuidar ninguno de estos tres planos.

Los **signos generales** son el conjunto de las características de la escritura:

- la velocidad
- la presión
- la forma
- las dimensiones de las letras
- la dirección
- la continuidad
- el orden

Estos que acabamos de mencionar, son los signos que un analista grafológico debe aprender a percibir y a captar en una mirada inicial de una escritura. Es como una primera impresión general de la letra, que nos da un pantallazo de ante quién nos encontramos, sin entrar en mayores detalles de la personalidad del sujeto.

Los **signos particulares** de una grafía, corresponden a:

• la puntuación
• los trazos
• las tildes de la t y de la ñ
• los filetes
• las letras
• todo signo o detalle sutil

Por último, las **resultantes** son:

• las observaciones o conclusiones que el grafólogo
extrae de los signos considerados
• constituyen la última parte del análisis y la respuesta

La importancia de los signos generales

La interpretación de los signos generales de una grafía facilita
la clave, como decíamos, no de los detalles de la personalidad
profunda de un sujeto, sino de aquello que podríamos llamar "el
color" o "la personalidad" de una escritura.

En este análisis que encaramos, tomaremos la clasificación
francesa, rescatada por muchos autores, entre ellos por la citada
C. Vanini.

Signos generales y organismo

Acerca de las inquietudes sobre si la escritura puede revelar algo de la estructura física de la persona escribiente, debemos señalar que en general es lo psicológico lo que se revela y se proyecta en la escritura, y no lo físico. Al respecto, veremos que se

trata principalmente de analizar los aspectos proyectivos de la escritura (mecanismo de "proyección", que desarrollaremos pronto).

No obstante, hay quienes establecen algunos paralelos entre zonas de la escritura y zonas corporales. Así, se dividen las zonas en:

Sección superior:

formada por letras con signos ascendentes.

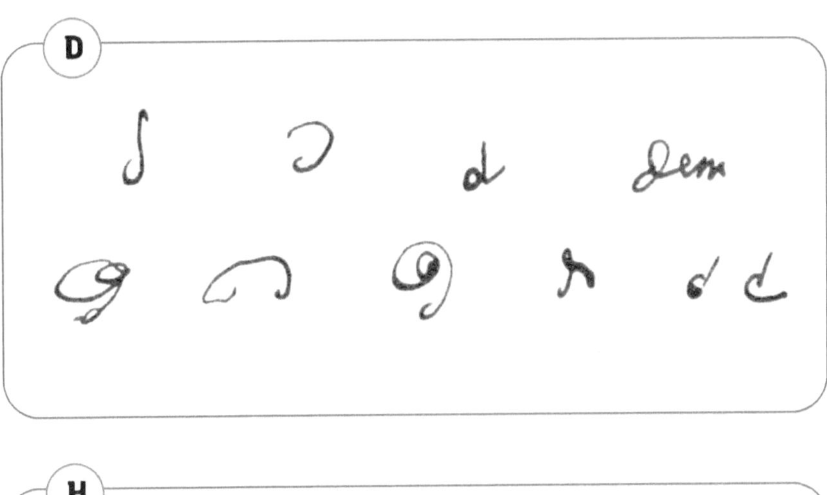

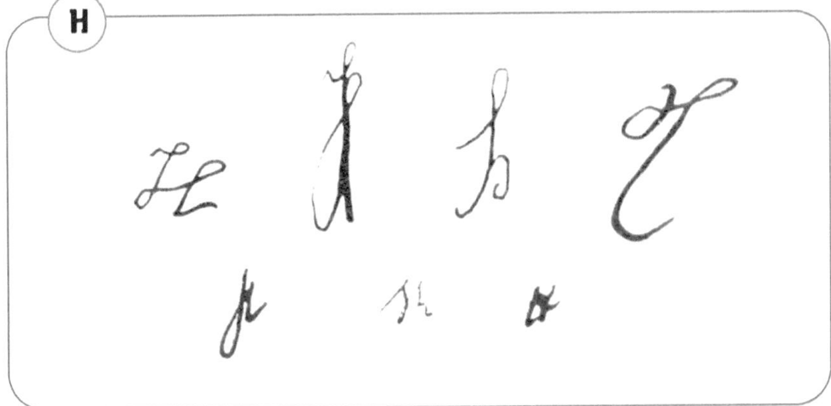

L

T

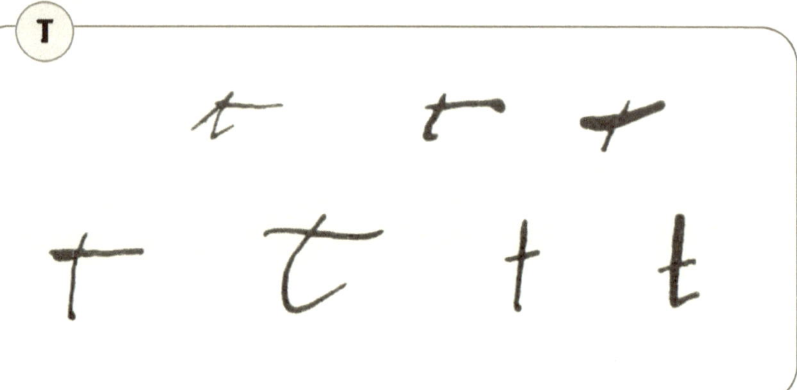

Tips grafológicos

- **Caligrafía:** es la escritura artística, que se ejecuta a partir de un modelo estético.

- **Espasmódica:** es la escritura de presión irregular, provocada por un padecimiento físico que impide a los músculos la realización del movimiento flexor-extensor de la mano.

Zona central:

que abarca las letras pequeñas, carentes de signos ascendentes o descendentes.

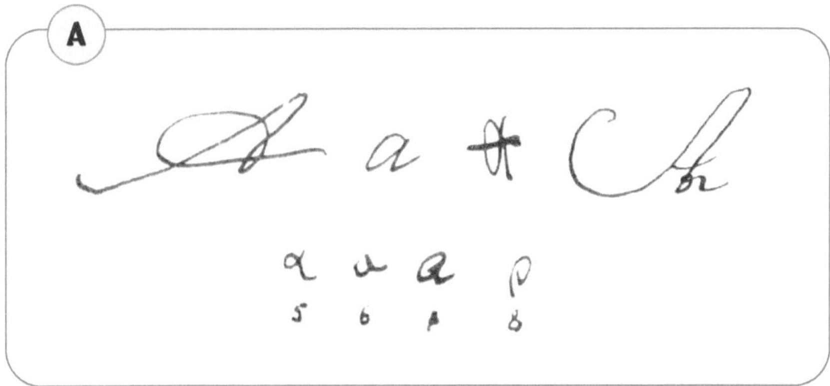

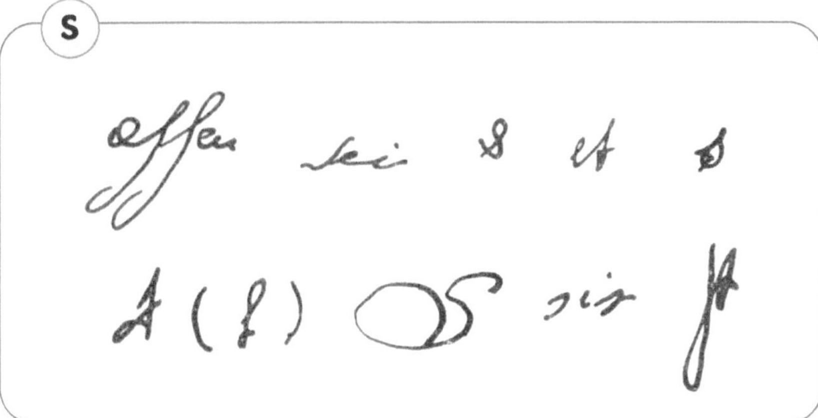

Zona inferior:

conformada por letras con signos descendentes.

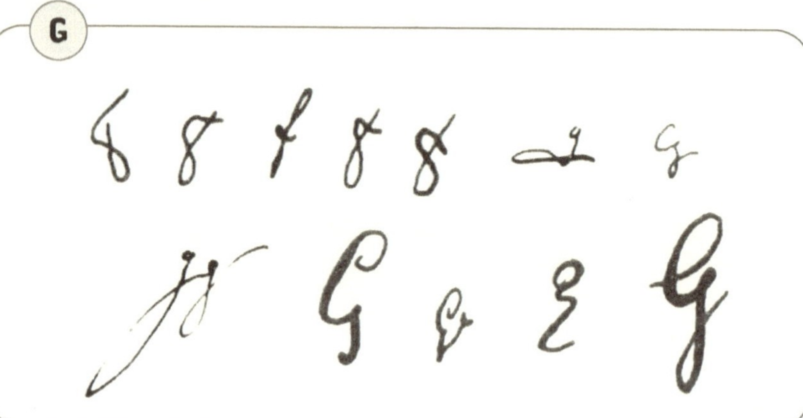

Tips grafológicos

- **Arpón:** es un trazo en forma de gancho anguloso que se realiza inconscientemente al iniciar o al terminar una letra o una palabra.

- **Bucle:** es un trazo ovalado, formado dentro de algunas letras, ya sean mayúsculas o minúsculas. Por ejemplo, entre otras: b, g, p, e, a, etc. Otra variante es la presentación como adorno exterior.

A estas tres zonas se las correlaciona (según el grado de desarrollo que en una grafía presente cada una) con tres "zonas" del ser humano:

- **zona superior o del pensamiento**
- **zona media o del sentimiento**
- **zona inferior o de la materialidad**

El mayor desarrollo de la **parte superior** respecto de las otras partes indica:

- ideales, aspiraciones y ambiciones altos
- presencia de sueños e ideales fuertes

El desarrollo más pronunciado de la **parte media**, significa:

- si la zona central es uniforme, el escribiente es alguien medido

- sentido común
- realismo

Por último, la mayor acentuación de la **parte inferior,** indica en la personalidad del que escribe:

- dotación de una importante fuerza física
- mucha vitalidad
- escaso control de los impulsos.

Tips grafológicos

- **Centrífuga:** es el movimiento del trazo en cualquier dirección, que se inicia desde la zona central hacia afuera.
- **Disfrazada:** es cuando con un fin determinado, la estructura de la escritura habitual se desfigura.
- **Redondeada:** cuando la escritura tiene predominio de curvas.

- **Maza:** es un gesto impulsivo que finaliza bruscamente en una punta cuadrada. Se produce por una presión excesiva.
- **Micrografía:** es la escritura microscópica.
- **Tipografía:** es la escritura realizada con letras de molde, mayormente mayúsculas.

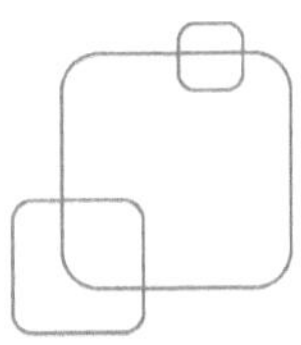

capítulo 4

EDAD Y SEXO EN LA GRAFÍA

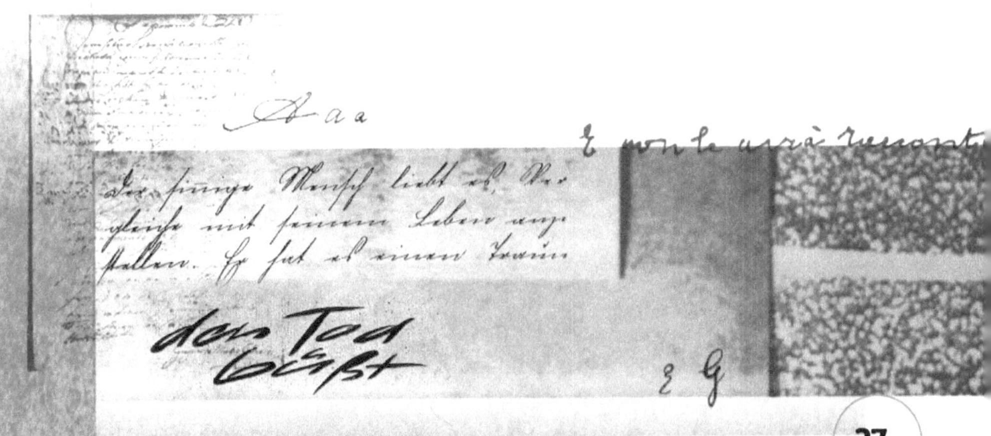

Edad

La edad tiene una influencia en la escritura, pero es necesario dimensionarla en su justa medida.

A los seis años la escritura es indecisa, temblorosa, aún no muy bien definida.

El trazado es lento, inseguro y pesado.

A los siete años, por ejemplo, las mayúsculas son menos desgarbadas, un poco más firmes. Las letras tienen una fuerza mayor, una mejor forma, más integración y menos interrupciones y cortes.

A los ocho se hace más fluída, estable, controlada y firme.

En los años siguientes se suele observar una obediencia y ajuste a los modelos enseñados escolarmente.

Luego, en la pubertad y la adolescencia, se produce una mayor liberación y autonomía respecto de los modelos aprendidos, y se produce la expresión y liberación de los aspectos más propios y personales de la escritura.

Asimismo, estos caracteres pueden aparecer en personas de edad muy avanzada, por la pérdida de la fuerza física y la desestabilización de diversas funciones.

Por eso, reiteramos que hay que relativizar los factores ligados con la edad, dado que los desarrollos (o involuciones) de la fisiología y la motricidad del organismo necesariamente se reflejan en la fuerza o estabilidad de la escritura.

Tips grafológicos

- **Escritura:** es el registro gráfico de cualquier movimiento de la mano y de los dedos, por más mínimo que sea. Al estar estrechamente relacionado con el organismo, manifiesta la constitución física y la condición psicosomática.

Sexo

Con el sexo del escribiente sucede algo parecido.

Hay factores sociales y culturales que inciden en el hecho de que tanto el sexo femenino como el masculino, posean caracteres y formas de escritura propias y muchas veces generalizables. No obstante, no es bueno ni aconsejable realizar generalizaciones extremas, puesto que –recordemos– la escritura revela principalmente aspectos de la personalidad.

En cada cultura y sociedad se enseña a escribir de una manera, y en algunos casos, ésto se extiende a la manera en que se enseña a hombres y mujeres por separado (aunque ésto ya es menos común por la difundida y casi universal educación mixta).

Es así como en muchas culturas (sobre todo occidentales) se producen generalidades que muchos autores destacan.

Por ejemplo, los varones:

- en un 70% escriben con inclinación hacia la derecha
- también, lo hacen con letras medianas o pequeñas
- su escritura presenta mayor presión

Y en las mujeres:

- el 60% escribe con letras grandes, adornadas
- presentan cierta "pretensión" de elegancia
- presentan una grafía vertical o volcada hacia la izquierda
- presentan una mayor preocupación por el aspecto
  externo de la escritura

Para no quedar preso de estos factores, el grafólogo debe saber antes de iniciar un análisis, datos de sexo y edad de la persona, para no aventurarse falsamente y agregar inútilmente estos factores en su diagnóstico.

El mecanismo de proyección psicológica

Como hemos señalado, la grafología se basa en el fundamento que la psicología da a los mecanismos inconscientes de defensa.

Estos mecanismos se ponen en juego cuando el sujeto se ve inundado por procesos de angustia internos que lo desbordan y no puede controlar por medios concientes. Es allí cuando estas operaciones inconscientemente se ponen en marcha para defender a la mente y a la personalidad, ante la angustia.

Existen muchos mecanismos de defensa descriptos por la psicología, como la represión, la disociación, la negación, etc. Pero el primero que se constituye en la mente humana, y que prosigue durante toda la vida (y que nos ocupa aquí) es la proyección.

Como ya anticipamos, la proyección consiste en expulsar por fuera del psiquismo aquello que resulta intolerable o incontenible dentro de él, y depositarlo en otro sujeto u objeto externo.

Toda expresión humana tiene algo de proyección, pues es la puesta en lo externo, de lo que ocurre internamente. Cuando se produce alguna expresión como un arte, un dibujo o la escritura, la motricidad expresa y transporta aspectos inconscientes e internos. Muchos tests psicológicos (los llamados, por estas razones, tests "proyectivos") se basan en este mecanismo: en el papel, o en lo que percibe o dice, el sujeto vuelca y proyecta lo que tiene dentro.

La grafología supone que esto también ocurre cuando escribimos, y éste es su fundamento: considerar la grafía como portadora de aspectos internos, casi como un test proyectivo, pues cuando escribimos proyectamos nuestra personalidad.

De allí que no hay dos escrituras iguales, como no hay dos personalidades idénticas.

Tips grafológicos

- **Creciente:** es cuando la escritura aumenta su tamaño ligeramente al final de una palabra.
- **Diestrosinistral:** cuando una persona es zurda, se la educa para escribir con su mano derecha.

- **Conductora:** es la escritura que se lleva a cabo de manera voluntaria y consciente. Un buen ejemplo es cuando el alumno imita la de la maestra.

capítulo 5

ARMONíA, RAPIDÉZ Y PRESIÓN EN LA ESCRITURA

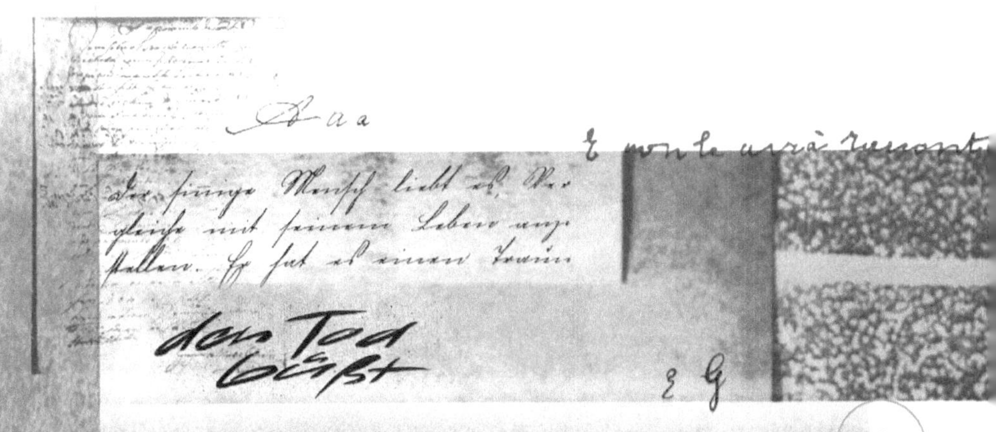

Escritura armónica e inarmónica

Escritura armónica

Presenta estas características:

- escritura uniforme
- coincidente en tamaño, forma y "ritmo"
- alejamiento de los rasgos aprendidos por tradición
o por educación
- grafía con un toque personal, original
- grafía con cierto grado de belleza propia.

Da estos indicios sobre la personalidad:

- sujeto estable
- inteligencia mayor a la mediocre.

Escritura armónica

La escritura inarmónica

Presenta características inversas a la anterior:

- fidelidad a los patrones aprendidos en la escuela
- agregados de rasgos floridos, adornos, intentos
de embellecimiento artificioso de la grafía
- resultado e impresión contraproducente:
letras recargadas y antipáticas.

Se analiza así:

- inteligencia menor
- cierta mediocridad
- falta de rasgos distintivos en personalidad.

Escritura inarmónica

Rapidez

La rapidez es una proyección, en la escritura, de la energía, la vitalidad y la agilidad mental e interior.

De acuerdo con esto, existen escrituras:

- rápida
- lenta
- variable
- desigual
- simplificada.

La escritura rápida nos da una idea de:

- sucesión rápida de ideas
- agilidad mental
- veloz resolución de problemas
- decisión rápida.

Este tipo de escritura puede advertirse no sólo al ver escribir al sujeto, sino por ciertos signos de su escrito, como por ejemplo, la barra de la t lanzada hacia delante, la posición de los acentos, cierta síntesis de caracteres o simplificación por la aceleración.

La escritura lenta se observa así:

- una grafía que da la impresión de haber sido producto de un trabajoso esfuerzo
- aparecen caracteres trabados, confusos
- es una escritura pesada, "sucia"
- letras afectadas, inseguras, a menudo feas e inarmónicas
- letras que se alejan de la línea horizontal.

Se analiza así:

- mal estado de salud (a confirmar desde el punto de vista médico)
- depresión anímica (estable o temporaria)
- disimulo
- desconfianza
- inseguridad
- falta de decisión
- autocontrol fuerte
- temor a equivocarse.

Escritura variable

Es una grafía que alterna signos de escritura veloz y lenta.

Puede alternarse o sucederse por distintas causas.

Se analiza así:

- inestabilidad
- sensibilidad extrema
- inseguridad
- ánimo cambiante.

Escritura uniforme

Es el tipo de grafía en el cual las letras son todas similares en tamaño, forma. Da la impresión de haber sido escrito todo con la misma presión, secuencia y ritmo. Es a menudo también una escritura armónica.

Revela estas características:

- estabilidad
- uniformidad en las ideas y los actos
- previsibilidad
- calma y serenidad
- rectitud
- constancia y perseverancia
- cierto apocamiento y estancamiento de la actividad.

Escritura desigual

Presenta características inversas a las descriptas anteriormente, por lo que no abundaremos en su caracterización.

En cuanto al análisis, nos revela:
- individuos sensibles
- emotividad

- inestabilidad de carácter
- cambio en los estados de ánimo
- estados de ansiedad.

Escritura simplificada

Consiste en un tipo de escritura que se ha realizado con trazos rápidos y veloces, decididos, a menudo con abreviaturas o simplificaciones respecto de la grafía aprendida de manera tradicional. Suelen faltar fragmentos de letras.

En el análisis, nos indica:

- pensamiento rápido
- simplificación y síntesis de las ideas
- sobriedad
- espíritu de superioridad
- si la escritura simplificada a su vez es lenta, significa apatía, frialdad y conservadurismo.

Tips grafológicos

- **Complicada:** es la escritura que se realiza con trazos que impiden una normal legibilidad.
- **Golpe de sable:** es cuando al final de las letras, se produce un movimiento impulsivo fuerte.

- **Grafogénesis:** es cuando a causa de influencias físicas o psíquicas, se produce un proceso de formación de escritura alterada.

Presión

Escritura floja

Se caracteriza por haber sido ejecutada con suavidad y delicadeza sobre el papel, sin imprimir mayor fuerza o presión.

Escritura floja

Puede analizarse así:

- debilidad en la personalidad
- debilidad e inestabilidad en el estado de ánimo
- actitud serena y hasta pasiva
- convicciones superficiales y cambiantes
- poca firmeza en los pensamientos y en las acciones
- escasa energía
- espiritualidad, poco apego a lo material
- apatía
- sugestionabilidad.

Escritura tensa

Es así:

- escritura con presión sobre la pluma
- intervalos exactos
- rasgos tensos.

Escritura tensa

Puede significar:

- carácter fuerte
- capacidad de decisión
- firmeza en la personalidad
- estabilidad en las conductas y en las ideas.

Escritura pesada

Se produce cuando el que escribe traza los signos gráficos presionando con fuerza, dando por resultado una grafía uniformemente grueso. Puede o suele ser una presión permanente o voluntaria, u ocasional y eventual.

Escritura pesada

Indica estos rasgos en la personalidad:

- materialismo
- sentido de lo concreto
- sensualidad
- instinto vivaz

• si la escritura es además inarmónica: vulgaridad, carácter violento, poca sensibilidad.

Escritura gruesa

Es una grafía con rasgos gruesos exagerados, a menudo inarmónica con grosores que sobresalen.

Escritura gruesa

Se analiza así:

• hiper excitabilidad sexual
• desborde e irritabilidad
• inestabilidad
• reacciones exageradas o hasta violentas
• egoísmo
• carácter rudo
• si la escritura aún así presenta armonía, implica un gusto por los placeres no vulgares, y cierta sensualidad refinada.

Tips grafológicos

• **Limpia**: cuando la escritura tiene un trazo claro.
• **Ligera**: es la escritura sin presión, de trazo fino y delicado.

Escritura temblorosa

Se nota a simple vista y puede deberse a:

- cansancio físico o moral
- avanzada edad
- enfermedad.

Desde lo psicológico, puede significar:

- estado de inestabilidad
- indecisión
- flojedad de carácter
- tensión
- desorden emotivo.

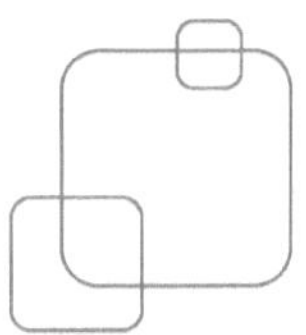

capítulo 6

FORMA Y DIMENSIÓN DE LAS LETRAS

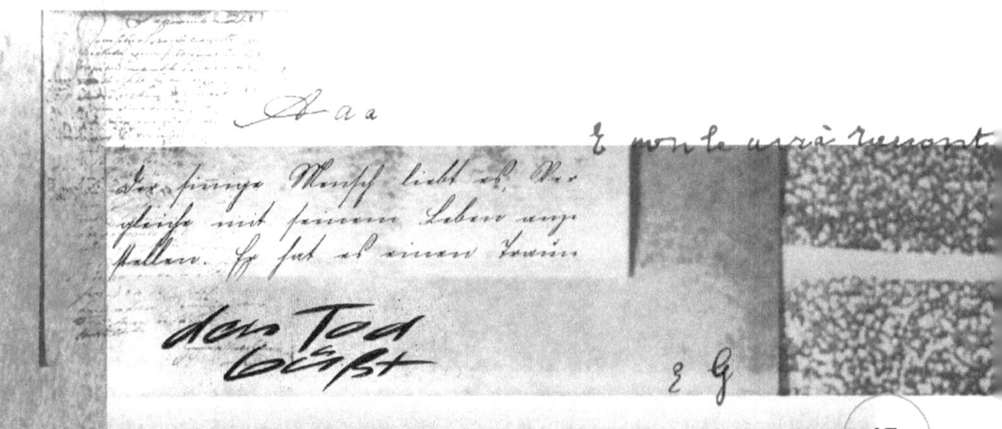

La forma de las letras

La forma en la escritura se relaciona con aspectos como:

- la fortaleza de la personalidad
- la capacidad de ejecución
- los aspectos concientes de la personalidad
- los aspectos externos de un sujeto

Veamos las distintas formas que puede adoptar la escritura.

Escritura caligráfica

Es una escritura que tiene formas y letras tradicionales, convencionales, adaptada a las maneras en que se aprende a escribir en la escuela.

Escritura caligráfica

El análisis nos muestra:

- una personalidad metódica y organizada
- orden y esquematización
- disimulo
- apego a lo externo

- formalidad
- poca espontaneidad
- impulsividad controlada

Escritura de letras tipográficas

Se trata de una escritura que adopta algunos rasgos de letra de imprenta, como moldes tipográficos.

Significa:

- si es espontánea, tendencias artísticas
- desarrollo intelectual
- desarrollo de la sensibilidad
- memoria visual
- si es adoptada forzadamente indica una pretensión de dar una imagen de sofisticación, que es artificial

Escritura original

Es una escritura que adopta, en el aspecto general, o en algunas letras en particular, formas extrañas, llamativas, de por sí alejadas de lo convencional. Puede ser imitación de otras grafías, o producto de una forma espontánea de escribir.

Escritura original

El análisis grafológico nos indica:

• personalidad no convencional
• anticonformismo acentuado
• no aceptación de las normas rígidas o muy tradicionales
• aspectos originales en la personalidad
• autonomía de pensamiento y acción
• si es muy deliberada, es un intento de aparentar, externamente, todo lo anterior (afectación, simulación con mala fe)

Escritura florida

Es una letra que presenta florituras, adornos, garabatos y formas que parecen "dibujadas". A menudo son invenciones originales, o también pueden ser imitadas o adoptadas artificialmente. Por lo general, indican (aunque sean formas originales de la grafía de una persona) que han sido preparadas o ensayadas.

Por todo esto, en el análisis, indica:

• afectación
• poses artificiales
• vanidad
• apego por aparentar
• excesivo interés en lo externo
• banalidad
• desequilibrio, si es muy excesiva

Escritura sencilla

Sin ser caligráfica o excesivamente bella, es una letra pareja, concreta, uniforme y armónica.

Indica:

- confiabilidad
- estabilidad
- claridad de ideas y acciones
- modestia

Escritura confusa

Es una grafía con variaciones en forma, tamaño, regularidad. Muchas veces no se comprende porque se superponen caracteres o son poco claros. Hay carencia de las reglas de puntuación y gramática.

Indica:

- carácter excéntrico
- si es muy desordenada, confusión mental
- dificultad para expresar los pensamientos
- despreocupación, negligencia
- apresuramiento, desorganización

Tips grafológicos

- **Rápida**: es la escritura de movimiento reducido. Realizada con seguridad y espontaneidad.

- **Ángulo de inclinación**: es el ángulo formado por el trazo descendente, ascendente y medio. Se realiza sobre la línea base en la que se desarrolla la escritura.

Dimensión de las letras

Escritura de letras grandes

Es fácil de identificar y nos da los siguientes índices:

- sentimiento de fortaleza en la personalidad
- sentimiento de seguridad
- autoestima elevada
- alta consideración de sí mismo
- seguridad en los valores propios
- personalidad expansiva, extrovertida
- combatividad, actividad
- generosidad
- si es muy exagerada: egocentrismo, megalomanía

Escritura de letras grandes

Escritura alta y estrecha

Para ser considerada dentro de estas características, la grafía debe ser notoriamente alta, con desarrollo de la parte superior muy marcado. No debe afectar sólo a ciertas letras, sino a la grafía en general.

Indica:

- fuerza y deseo
- convicción
- ambiciones
- interés por el ascenso social
- si es desproporcionada, ambición que no se condice con las posibilidades reales

Escritura pequeña

Esta grafía que tiene dimensiones marcadamente más pequeñas que lo normal, y que por lo tanto presenta dificultades para ser leída con claridad, revela estos rasgos psicológicos:

- serenidad
- modestia
- humildad
- detallismo
- si va junto a una escritura inarmónica: mediocridad, introversión, apocamiento y apatía

Escritura ancha y baja

En esta escritura – que posee una anchura superior a la normal y que puede acompañarse de líneas gruesas- indica estas características de personalidad:

- materialismo
- falta de ideales
- serenidad
- conformismo

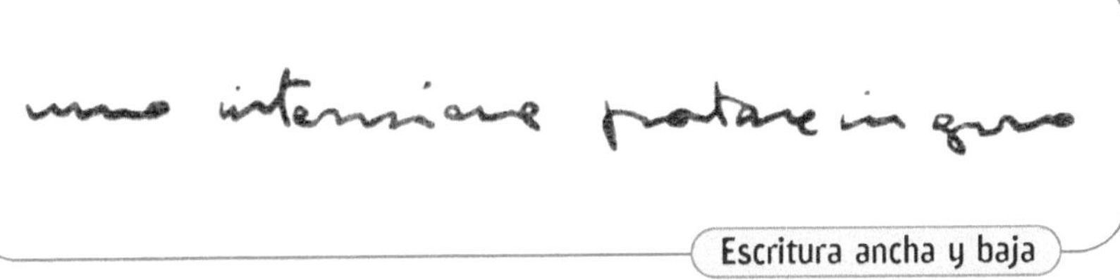

Escritura ancha y baja

Escritura de letras crecientes

Las letras aparecen con un tamaño que es crecientemente mayor, que aumenta con la línea horizontal.

Indica:

- credibilidad
- ingenuidad
- inocencia y candor
- falta de reflexión
- entusiasmo exagerado
- poco análisis
- si además es inarmónica: estulticia, torpeza

Tips grafológicos

- **Dimensión**: es el tamaño o la altura de una expresión gráfica.
- **Vacilante**: es la escritura de trazos inseguros. Son habituales los cambios de dirección o frenadas.
- **Simplicidad**: es cuando la escritura carece de toda ornamentación.
- **Obligada**: es cuando por cierto estado de ánimo o padecimiento físico, la escritura es forzada.
- **Inconclusa**: es cuando la letra termina, antes de tocar la línea de base.

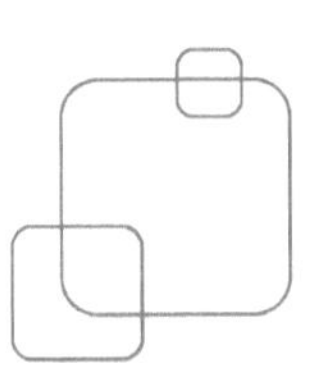

capítulo 7

La inclinación de las letras

Casi todas las grafías poseen algún grado de inclinación. Algunas lo tienen en una dimensión variable; en otras, la inclinación es constante hacia alguno de los lados. Por otro lado, otras escrituras poseen casi un grado cero de inclinación, es decir que son casi derechas.

La escritura inclinada nos indica

- capacidad emocional
- buen grado de extroversión
- capacidad de vinculación con los demás
- si la inclinación existe pero no es uniforme:
inestabilidad, ansiedad

Il mio caro i essenzialmente

Escritura inclinada

Escritura poco inclinada

- indica ternura
- ánimo generoso
- mesura en las emociones
- equilibrio afectivo
- si es casi vertical:
rigidez, firmeza, equilibrio y autocontrol, racionalidad

Escritura inclinada hacia la izquierda

Nos indica estas características de personalidad:

- introversión
- poco contacto afectivo
- carácter reservado
- timidez
- personalidad cerrada en sí mismo
- reflexividad
- si es muy marcada: aislamiento

ho dato un tè

Escritura inclinada hacia izquierda

Tips grafológicos

- **Fusiforme:** es la escritura con presión esporádica en la letra.
- **Concentrada:** si bien se mantiene la organización de los trazos, el espacio existente entre letras, palabras y líneas es menor de lo normal.
- **Organizada:** es cuando la escritura es totalmente legible.
- **Dinamogeneidad:** es cuando la escritura tiene amplitud de movimiento y extensión amplia. Al final, se presenta un disloque final ascendente.

Dirección de las líneas

Dirección ascendente

Su significado puede resumirse así:

- ímpetu
- espíritu de agresividad (en un buen sentido; si es exagerada, tiene un sentido negativo)
- ambición
- actividad
- fuerza para encarar soluciones
- si va acompañado de escritura inarmónica: exaltación, irritabilidad e impulsividad; desequilibrio y violencia

Escritura ascendente

Escritura descendente

- cuando la línea de la grafía va descendiendo del renglón, se trata de un ánimo depresivo
- si es muy constante esto, personalidad pesimista
- debilidad moral
- entusiasmo débil
- si hay además grafía inarmónica, depresión, debilidad de carácter y marcada pérdida de interés

Noi andiamo a Roma

Escritura descendente

Tips grafológicos

- **Ensiforme**: es la escritura que disminuye su tamaño paulatinamente hacia el final de la palabra. Termina en forma de espada.

- **Grafopatología**: es la ciencia que estudia ciertas señales patológicas en la escritura. Indica trastornos mentales o físicos.

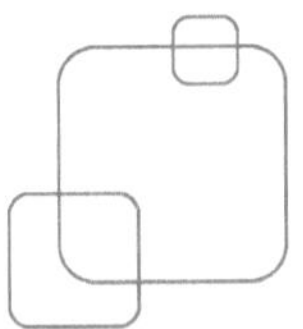

capítulo 8

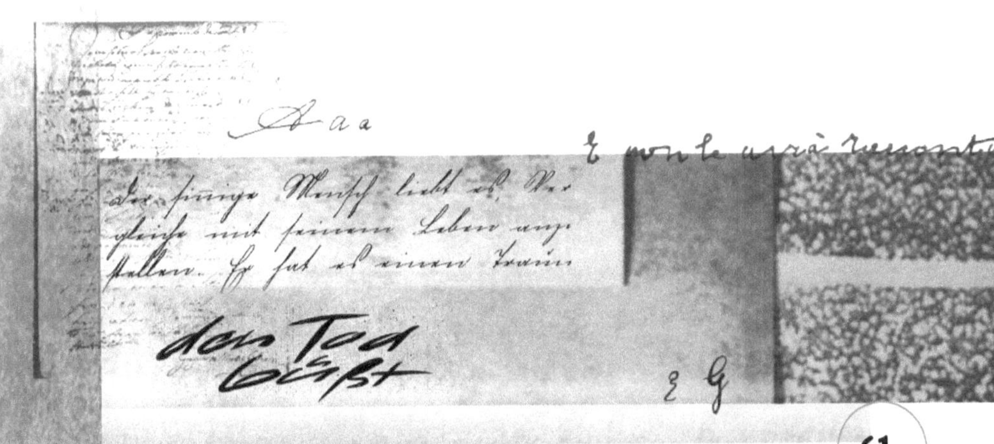

La firma

Desde el punto de vista grafológico, la firma es un apartado sumamente especial. Se trata de un elemento que nos brindará especiales puntos de vista para considerar en el análisis grafológico normal.

¿Por qué esto es así?

En principio porque la firma es un elemento único, de una escritura generalmente uniforme, que se repite en forma más o menos estable. Muchos grafólogos, por esto, dicen que la firma revela la "verdadera personalidad" del individuo.

También se suele considerar que es la firma la que en una persona, desde el punto de vista grafológico, conjuga la naturaleza y la voluntad del sujeto. Es decir, que nos brinda un punto de vista muy completo, y de "una sola mirada", de la personalidad del individuo.

Todo esto, puede despertar en el lector, luego de haber recorrido distintos conocimientos sobre grafología, una pregunta más que genuina: ¿cómo puede la firma darnos tantos elementos de análisis, si es una escritura preparada, ensayada y practicada, que no tiene nada de espontánea ni natural?

Debemos decir que aún así, aunque la firma esté ensayada y largamente trabajada para alcanzar su forma final, conserva estas características que hemos dicho desde el punto de vista de la grafología.

Por otra parte, hay un hecho que se condice con esto: la psicología nos confirma que la personalidad contiene elementos que no son espontáneos, sino larga y trabajosamente logrados. Y aún en lo que está muy estructurado se filtran elementos y cuestiones no manejadas, espontáneas, o más propiamente dicho, inconscientes.

El retrato mental de la persona que escribe y que firma, también es visible y apreciable aún cuando él haya creado una superestructura trabajada: por debajo de esto, o en esta misma estructura formada (y a menudo en ambas instancias) se pueden observar aspectos de la personalidad del firmante. Esto, es aplicable a todos los aspectos de la escritura que se hallan comprendidos en el análisis grafológico, además de ser estrictamente así en el caso de la firma.

Es importante, en el caso del análisis grafológico de la firma, conservar el espíritu del análisis de la letra en general: todo debe tenerse en cuenta en el marco de un análisis general, global, conjunto. Ningún indicador por sí solo nos puede dar cuenta de la personalidad de un sujeto: cada signo que aparece puede (y debe) ser puesto en conjunto, en perspectiva general de otros indicadores que nos muestren lo mismo, para confirmar nuestras hipótesis.

Tipos de firma

Veremos que existen distintos tipos de firma que, como deduciremos con facilidad, nos permitirán inferir distintos tipos de personalidad.

Aquí tenemos algunos:

Cuando una persona firma siempre igual, denota:
- gran tenacidad
- constancia
- estabilidad de su personalidad

Si la firma varía con el tiempo, incluso si es diferente cada vez, se deduce:
- un carácter variable
- una personalidad con cierta inestabilidad
- carácter maleable a las circunstancias externas
- se apreciará sensibilidad marcada a lo externo

Si la firma es igual que el texto, ésto denota:
- lealtad
- naturalidad ante el mundo externo
- además aquí, el análisis grafológico cuidadoso puede darnos a conocer una ambivalencia: tanto una personalidad fuerte como una clara vulnerabilidad ante el mundo y la dificultad para oponerse y actuar de manera autónoma, dicotomía que debe decidirse teniendo en cuenta el conjunto de la escritura

Si la firma es distinta del texto:
- vulnerabilidad
- ambigüedad
- también, un carácter impresionable

Si la firma es notoriamente, muy diferente del texto:
- la duplicidad, la ambigüedad y la impresionabilidad son muy marcadas
- algunos añaden que ésto marca también un claro orgullo

Firma vertical sobre un texto escrito con líneas inclinadas:
- miedo a dejarse sorprender
- personalidad poco acentuada

Firma inclinada sobre un texto vertical:
- falta de sensibilidad
- sustitución de ésto por un manejo de las apariencias externas

Firma mayor y más ancha que el texto:
- actividad práctica

- deseo de aparentar
- incapacidad para contentarse y conformarse
- aspiración de una figuración social

Firma más alta que el texto:
- orgullo extremo
- narcisismo exacerbado

Firma ilegible:
- actitudes defensivas
- temor a los demás
- poca fuerza de convicciones
- simulación
- puede deberse tan sólo a precipitación en la escritura,
o además estar en conjunto con otros signos de simulación
o deshonestidad.

Firma colocada muy por debajo del texto:
- cálculo
- reserva
- actitudes defensivas ante los demás

Firma colocada inmediatamente después del texto:
- personalidad poco acusada
- precipitación

Firma sencilla, sin rúbrica:
- sencillez

• junto a otros indicadores, puede mostrar según los casos, fuerte o mediocre personalidad

Firma con todo el nombre escrito:
• impresión de sencillez
• franqueza
• ausencia de doble discurso o doble mensaje

Si la firma contiene mayúsculas mayores que las del texto:
• orgullo personal frente a los demás
• deseos de impresionar
• deseos de figuración social

Si la firma va seguida de un punto:
• prudencia
• reserva
• cautela
• cuidado propio y de los demás
• temor al juicio ajeno
• pesimismo o carácter melancólico

Si la firma va seguida de una línea o de varios puntos:
• máxima desconfianza
• prudencia calculadora
• frialdad
• susceptibilidad ante determinadas circunstancias negativas de la vida

Es muy importante tener en cuenta, a propósito de la firma, un aspecto que venimos remarcando especialmente. Se trata de la distinción que es necesario hacer, antes de establecer un juicio cerrado y completo. Por ejemplo, se debe observar si la firma se trata de:

• una forma parcial, espontánea, que el sujeto traza por ejemplo ante una carta privada y que consta sólo del nombre.

• o por el contrario, si se trata de una firma de carácter oficial, total y completa, formada por nombre y apellido.

En este último caso, desde el punto de vista grafológico, resultará más fácil, establecer una estructura menos espontánea, más artificiosa. Se trataría de un intento de brindar una mejor imagen de sí mismo, aunque de manera excesivamente externa y un poco preparada, que no muestra lo más profundo y espontáneo de la personalidad. Pero esta misma modalidad, es muy significativa, pues nos muestra algo sobre la persona: su necesidad de mostrar una imagen externa "seleccionada", artificial, con el objeto de impresionar a los demás en algún sentido.

Tips grafológicos

• **Impulsada:** es la escritura cuyos elementos gráficos son lanzados en cualquier dirección.

• **Agrafia:** a causa de una lesión o una complicación cerebral, se produce una incapacidad para expresar las ideas por medio de la escritura.

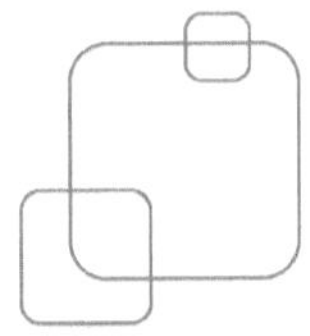

capítulo 9

LA RÚBRICA

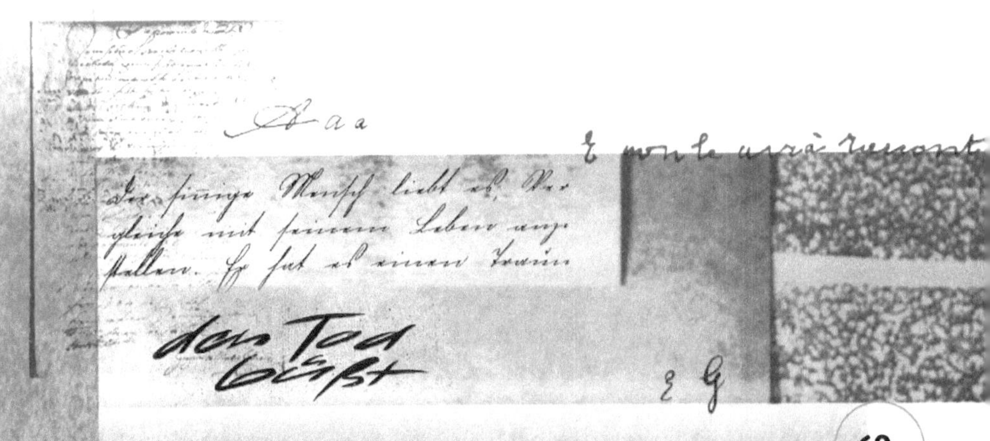

La Rúbrica

La rúbrica, como sabemos, es aquella escritura, muchas veces rápida y simple (aunque puede ser compleja) que se realiza después de la firma. Muchas veces constituye algo tan mecanizado como la firma misma, y que no se distingue de la misma en el movimiento de la mano. Pero para el análisis grafológico, la rúbrica tiene para nosotros un valor especial, diferenciado de la firma, aunque complementario de ella en el análisis global de la personalidad a través de la escritura.

Hay consideraciones históricas y opiniones teóricas que indican que la utilización de la rúbrica es bastante antigua (algunos autores dicen que data del medioevo).

La rúbrica, técnicamente hablando, consiste en una o más líneas añadidas a la firma, cuyo carácter es casi siempre de refuerzo y que muchas personas utilizan justamente para eso. Es bastante utilizada en nuestros días en diferentes contextos y culturas. Si la rúbrica, como sucede, es espontánea o no, no importa: de ambas maneras resulta muy útil y reveladora para el análisis.

Importancia grafológica de la rúbrica

Está dicho: la importancia de la rúbrica es alta, y tiene que ver con que se trata de un signo que el escribiente coloca las más de las veces, con toda naturalidad y espontaneidad. Por esto, su interpretación es sumamente interesante.

Veamos algunos tipos de rúbrica que pueden ser sometidos a la interpretación.

Interpretación

La firma sin rúbrica, delata:
• un individuo simple
• un carácter directo, sin complicaciones
• modestia
• sensibilidad alta, si se dan en su escritura otros indicadores de un perfil cultural o refinado
• en caso contrario, con otros signos en la escritura que lo confirmen, puede ser signo de apatía y de estrechez mental

Cuando simplemente se subraya el nombre con una raya horizontal:
• orgullo acerca de la propia personalidad
• orgullo del nombre y de la posición social
• satisfacción con los propios nombres
• junto a otros signos, puede ser indicador de petulancia

Si la rúbrica termina en punta:
• indica cierta capacidad de rencor
• ideas de venganza

Si la rúbrica es ondulante y de aspecto agradable:
• actitud positiva
• sentido del humor
• espíritu alegre
• capacidad para mostrar y afirmar la propia personalidad, con firmeza pero con simpatía y cordialidad

Si la rúbrica tiene una forma cóncava, hacia arriba:

- afirmación vanidosa de la propia persona
- independencia de espíritu
- deseo de abrirse camino

Cuando la rúbrica es convexa, cóncava hacia abajo:

- gracia
- signos de ostentación

Rúbrica cortada por pequeñas líneas paralelas:

- pequeñas manías y obsesiones
- ideas fijas
- tendencia a la intriga

Rúbrica con formas de signo musical:

- hábito de componer o tocar música
- sensibilidad para las artes
- refinamiento de espíritu

Rúbrica por encima del nombre, con independencia de los trazos horizontales de las letras (por ejemplo, los de la T):

- disimulo
- prudencia
- cálculo
- egoísmo
- ambición
- deseo de mejorar la propia posición social

Rúbrica que llega desde la parte final de la estructura del nombre:
* valor
* fuerza
* energía avasallante, si el signo es muy marcado

Si la rúbrica enmarca el nombre (en especial, con dos líneas paralelas, una arriba y la otra abajo del nombre, como encuadrándolo):
* prudencia
* capacidad de disimulo
* cálculo escondedor
* orgullo
* egocentrismo
* se da generalmente en grafías masculinas; si aparece en femeninas, acentúa las características dichas

Rúbrica sencilla (que desciende más o menos verticalmente, o que puede hacerlo también en zig zag):
* inteligencia
* rapidez y viveza
* capacidad de decisión rápida y precisa
* propia de personas de acción
* aptitud para los negocios

Rúbrica que se hace más gruesa en el último rasgo:
* temperamento luchador
* energía indomable
* cierta brutalidad para las acciones o las palabras

Si en la rúbrica hay trazos más gruesos de derecha a izquierda:

- energía
- agresividad
- fuerza
- espíritu batallador

Si los mismos trazos van al revés (de izquierda a derecha):

- energía transformada en agresividad
- posibilidad de carácter violento

Rúbrica en forma de lazo:

- petulancia
- narcisismo
- incesante búsqueda de la aprobación ajena

Rúbrica sencilla, de formas agradables:

- habilidad manual
- aptitud para embellecerse
- espíritu estético
- coquetería
- deseo de gustar y de ser observado
- es más frecuente en escrituras femeninas, pero puede aparecer (y significar lo mismo) en hombres

Rúbrica complicada, con varios nudos (a veces enteramente separada de la firma):

- espíritu de intriga
- aptitud para los negocios
- habilidad para emprender tratos comerciales
- astucia

Rúbrica con forma de "corbata":
• habilidad para los negocios
• astucia comercial

Rúbrica formada por muchos trazos cruzados:
• instinto para los negocios
• astucia y habilidad para el comercio
• interés por las finanzas
• es casi exclusivamente masculina, pero indica lo mismo si aparece en escritura femenina

Rúbrica que circunda el nombre:
• cuidado por lo propio
• apego a lo familiar
• interés por la intimidad

Rúbrica con muchas volutas desordenadas, debajo del nombre:
• mezquindad
• egoísmo
• vulgaridad de espíritu

Si la rúbrica desciende de derecha a izquierda:
• actitud defensiva
• reserva
• desconfianza
• egocentrismo

Si la rúbrica desciende de derecha a izquierda y de la izquierda vuelva a la derecha:
- capacidad para resistir y para atacar
- aptitud para pasar a la contraofensiva
- disposición rencorosa o vengativa, si se dan las circunstancias

Rúbrica que en el rasgo de izquierda a derecha se hace más grueso:
- energía para la venganza
- resolución para replicar y contraatacar
- rencor de espíritu

Rúbrica cuyo rasgo se hace más grueso de derecha a izquierda:
- capacidad para resistir
- sujeto que aguanta los golpes, más que atacar

Rúbrica hacia la derecha (a veces con la presencia de un ojal):
- actividad práctica
- espíritu batallador

Rúbrica que asciende hacia la derecha:
- agresividad
- tendencia al pleito
- disposición para la pelea

Rúbrica que asciende verticalmente hacia arriba:
- agresividad
- actividad muy marcada

Tips grafológicos

- **Plena**: es la escritura con letra amplificada, inflamada y gorda.
- **Curvilínea o redonda**: es la escritura en donde abundan las curvas.
- **Suspendida**: es cuando se produce una escritura inconclusa en algunas letras.
- **A pulso**: la escritura se realiza sin apoyar la mano.
- **Soldada**: es cuando la escritura tiene conexión deficiente entre las letras.
- **Filiforme**: es la escritura cuyo trazo asemeja al de un hilo.

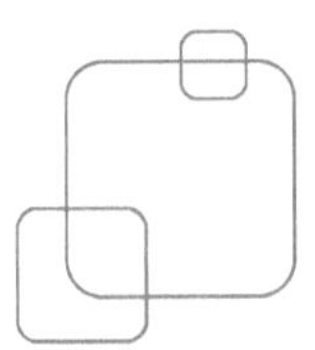

capítulo 10

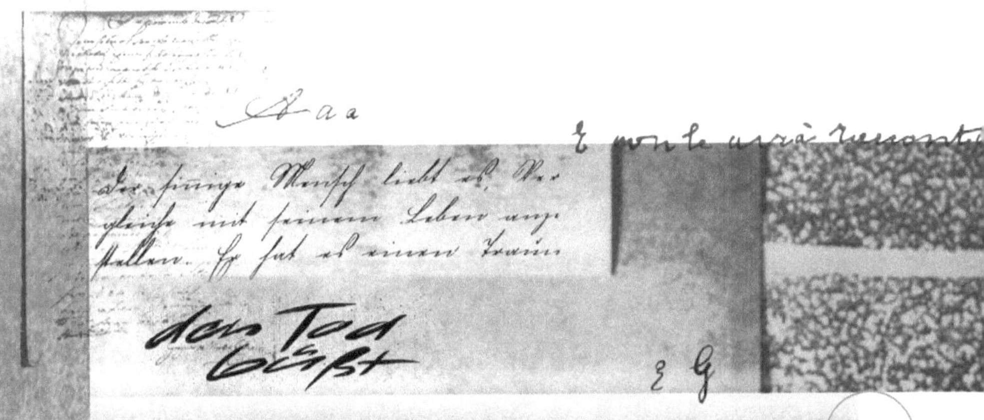

El arte en la escritura

Sabemos por distintos aportes, en especial los de la psicología y la sociología, que la construcción del espíritu artístico no está dada naturalmente en el ser humano; por el contrario, el gusto y el espíritu artístico son justamente aquello: una construcción. Se trata, el gusto artístico, de una resultante tanto de los conocimientos, como de la curiosidad, la voluntad de búsqueda, y lo emocional, los sentimientos.

Con todo este conglomerado, formamos lo que se llama el espíritu artístico, la sensibilidad estética.

Es de suponer que este componente, que en determinadas personalidades puede ser muy importante por su presencia (y en otras por su ausencia), no puede sino manifestarse también en la escritura, como tantos otros aspectos de la personalidad que hemos estudiado.

Si bien es difícil descubrir en una escritura el signo absoluto del arte, podemos orientarnos merced a algunos signos observables. Un análisis grafológico completo y atento nos puede acercar muchos datos sobre este tema, y sobre la importancia de este aspecto artístico y estético en las personalidades comunes. Y también, sobre las características de la escritura en las personalidades marcadamente artísticas (por ejemplo, en los manuscritos y las firmas de los artistas reconocidos).

No obstante, además de ser ésto muy interesante para el análisis de las grandes personalidades artísticas de la humanidad, que han dejado algunos signos manifiestos e interpretables en su escritura, el interés por este aspecto del análisis grafológico es mucho más amplio.

En efecto, en las personas comunes, el aspecto estético de la personalidad es de gran importancia. Es decir, que aunque un sujeto no sea un artista consumado, o ni siquiera tenga algún contacto con el arte, el análisis de este aspecto artístico visible en la escritura nos orientará al análisis de algunos aspectos de su personalidad. Por ejemplo:

- si la persona tiene un uso creativo de sus facultades mentales
- si utiliza la fantasía en su vida, y cómo lo hace
- si puede ser un creador en su pequeño mundo
- si puede poner en juego un tipo de inteligencia útil para las relaciones humanas y para la observación
- si puede ensayar soluciones creativas ante sus problemas
- si tiene capacidad para soñar
- si no posee estos elementos en su personalidad y en su vida, y cómo esto repercute en su personalidad y en sus vínculos

Otro aspecto que se conjugará con éste, será para nosotros, el que se puede derivar del "diseño" de la escritura. Este será un aspecto que sumará elementos al análisis grafológico. ¿Qué queremos decir con "diseño" de la escritura?

Veamos.

Son todos los aspectos observables en la grafía, relacionados con:

- la colocación de la escritura en la página
- el aspecto estético en general de la grafía

Tips grafológicos

- **Condensada:** es cuando el espacio existente entre letras, palabras y líneas es estrecho.

- **Descendente:** es cuando en la escritura se produce un disloque lineal hacia abajo.

De todo ésto, también se pueden derivar elementos muy utilizables para el análisis grafológico. Veamos algunos ejemplos.

La **personalidad con dotes artísticas o creativas**, tendrá en su escritura, características particulares:

• la persona dotada de algún temperamento o capacidad artística en su personalidad, tenderá a "enmarcar" sus palabras, dándoles algún espacio según determinados criterios

• dará importancia y espacio a los márgenes, tanto arriba como abajo y a los costados

• su escrito producirá de inmediato una sensación agradable, cierta impresión "estéticamente bella"

• el "respiro" que se da al escrito en general (no tan sólo el margen, cuyo significado por sí mismo tiene su importancia), es decir, el hecho de que las palabras y las frases respetan un ordenamiento, un criterio y una impresión global armoniosa y estética

• la claridad, la sencillez y la elegancia de las letras, tendrán un lugar central en su escritura

• la personalidad con dotes artísticas o estéticas, posee en su escritura la presencia de ciertas letras con forma tipográfica, lo cual es a su vez signo de inteligencia (tanto si se presenta en las letras mayúsculas como en las minúsculas)

• esto último (que está presente en las escrituras de los músicos, compositores, escritores, artistas, o personas con sensibilidad especial para estos temas) denota un interés de la persona por la claridad, la estética, las formas exteriores (también puede darse el caso de personas que trabajan con las formas, como los artistas plásticos y los dibujantes, y que expresan este interés y esta tendencia sólo en sus trabajos y quizás por eso estos caracteres están ausentes de su letra)

Por supuesto que todo esto debe someterse al análisis grafológico completo, global y cuidadoso. Con un solo signo, como decimos siempre, no puede darse un juicio total y se debe enmarcar todo en el aspecto general de la escritura.

También, existen escrituras muy diferentes entre sí en los artistas, por lo cual no debemos apresurarnos en ningún sentido en el análisis. Pues el artista es un sujeto, y su personalidad comprende muchos más factores, así como sucede lo mismo con la persona común cuya capacidad estética o artística es solamente una parte de su integridad como sujeto.

Otras características de lo artístico en la escritura pueden ser:

• la imaginación, que se aprecia en los grandes movimientos de la pluma
• la sensibilidad, que se ve en la escritura desigual, fina o inclinada
• el sentido intelectual, que se observa en la superposición de letras
• la escritura que en su realización es rápida y tiene un aspecto de actividad y vivacidad, que siempre refiere a caracteres y personalidades artísticas
• signos numerosos que hay que poner en consonancia con otros signos de personalidad artística y sentido estético, para poder llegar a una conclusión de peso e importancia

En estudios grafológicos, o en la simple observación de escritura, firma o rúbrica de algunos artistas de renombre, se pueden ver y recopilar varios de estos signos que estuvimos señalando.

Así, sin entrar en detalles o ilustraciones que por razones de espacio no podemos incluir, podemos mencionar algunos artistas cuyas grafías contienen varios o distintos de esos signos e indicadores, y que el lector con curiosidad y apego por la investigación, puede apreciar por su cuenta.

Algunos de esos artistas, por ejemplo, son:

- el músico Gounod
- el pintor Rembrandt
- Rubens
- Rafael
- García Lorca
- G. D'Annunzio
- Dalí
- John Lennon
- Paul Mc. Cartney
- Picasso
- Gide
- Moliere
- Edgar Alan Poe
- Wagner
- Leonardo
- Dostoievsky
- Oscar Wilde
- Vladimir Nabokov
- Joaquín Rossini

Reiteramos que el factor artístico y estético de la personalidad, es muy importante y gravitante en un sujeto, más allá de su contacto directo con el arte.

Se trata, como dijimos, del lado creador de la vida. Y en el análisis grafológico, esto puede tenerse en cuenta y observarse, cuidadosamente y sin apresuramientos, como tantos otros aspectos que hemos estado estudiando.

capítulo 11

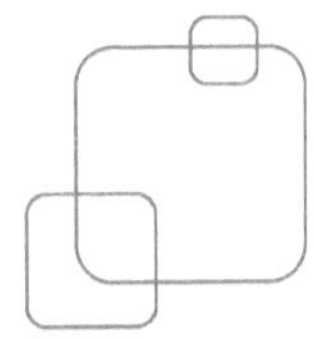

La enfermedad en la escritura

Este es otro aspecto que podemos tener en cuenta en el análisis grafológico, y es así por varias razones que vamos a exponer.

Surgen en primera instancia varias preguntas:

- ¿A qué nos referimos con "**enfermedad**"?
- ¿Cómo puede tenerse en cuenta ésto en el análisis
de la escritura?

Con enfermedad, nos referimos (así como hicimos con los aspectos llamados "artísticos" de la personalidad) a uno o varios aspectos de la personalidad.

De la misma manera en que es imposible determinar con firmeza en qué momento una persona deja de ser un sujeto común para transformarse en un artista (independientemente del momento en que se haga pública su obra), también es difícil señalar cuándo alguien se convierte en un enfermo mental. Si bien, esto es distinguible merced a los diagnósticos de la psicología y la psiquiatría, es bien sabido el hecho de que la enfermedad física es mucho más fácil de aislar y determinar, y que la enfermedad mental (que a ella nos referiremos con mayor frecuencia aquí) tiene fronteras más difusas aunque existentes al fin.

Con todo ésto queremos decir que una persona normal, sana, puede tener algunos aspectos propios de la enfermedad mental, así como se dice que todos estamos un poco locos, aunque no tengamos un grave trastorno mental.

Tanto para observar los signos de la abierta enfermedad mental, psíquica o neurológica, como para apreciar los pequeños signos que forman parte de la personalidad normal, el análisis grafológico también nos brinda elementos de utilidad.

Por supuesto, como venimos insistiendo, todos los elementos que puedan ser observados en este sentido a través del análisis grafológico, deben ser puestos en consideración junto a otros indicadores que confirmen nuestras impresiones.

Es prácticamente una ley de oro, la que venimos señalando largamente: no apresurarse a realizar un diagnóstico por uno solo o unos pocos signos, sobre todo en un terreno tan delicado como la apreciación de la enfermedad.

Veamos ahora, hechas estas aclaraciones necesarias, cuáles son esos signos grafológicos que refieren a estos aspectos tan particularidades.

Características

Basándonos en la idea ya explicada, de que la escritura constituye una proyección del mundo interno del escribiente, y de que en la grafía en sus distintas manifestaciones queda depositado un cuadro aproximado de la personalidad del sujeto que escribe, es que podemos aislar y señalar algunos rasgos que corresponden a este tema.

Es decir, acercamos conclusiones que se obtuvieron de observaciones y estudios, que permiten relacionar distintos cuadros de enfermedades con sus respectivas características grafológicas generales.

Veamos algunos.

Fuerte perturbación de las facultades o falta de energía física:

- escritura con formas muy marcadas, o exageradas ante la debilidad
- escritura de dirección descendente

Perturbaciones relacionadas con el alcoholismo:

- escritura temblorosa
- escritura desigual, despareja
- grafía descendente
- escritura concentrada sobre sí misma

Demencias:

- omisiones de letras, en especial de consonantes
- incorrecciones diversas, como la alteración en el orden de las letras, además de las posibles omisiones

Psicosis:

- si son graves, aparecen "concretizaciones", es decir, dibujos apoyados en las formas de las letras
- incoherencias sintácticas, además de las que aparecen en la forma, tamaño o continuidad de las letras
- rasgos específicos según el tipo de trastorno de la persona
- disgrafía (se deja de escribir o se lo hace con notables interrupciones, lo cual dificulta a su vez el análisis)
- en casos muy graves, aparece la "escritura en espejo"
(la letra se ve como si estuviera puesta frente a un espejo, pues el enfermo escribe en sentido contrario, de derecha a izquierda, aunque lo haga correctamente)

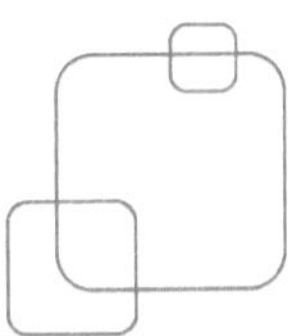

capítulo 12

OTROS ASPECTOS Y CONCLUSIONES

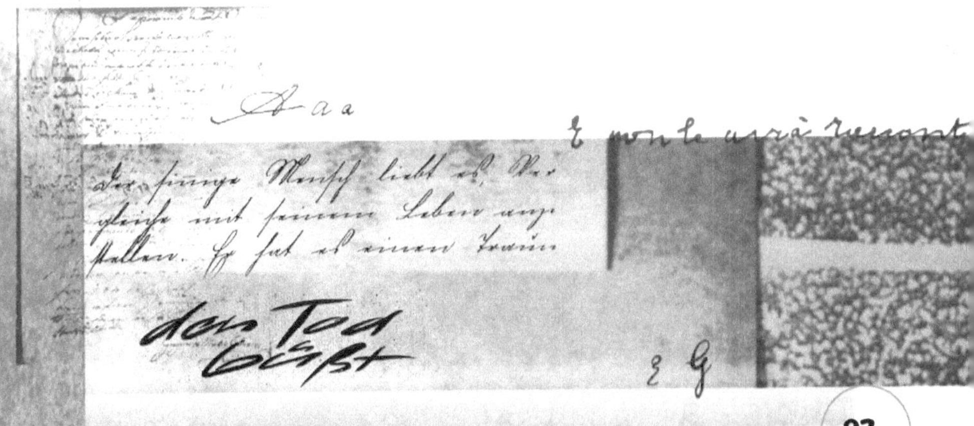

En la obra que acabamos de recorrer, se encuentran expuestos muchos y variados elementos para el análisis grafológico básico.

Para el mismo, nos hemos valido de la exposición y estudio de muchos aspectos formales de le escritura, reiterando aquí la propuesta de inicio: la grafología no se ocupa de elementos como la corrección o ajuste de la ortografía, sintaxis, gramática o contenido y significado de la escritura.

Específicamente, se ocupa de cómo los distintos aspectos formales:

• traducen elementos de la personalidad del escribiente
• proyectan su mundo interior merced al mecanismo inconsciente de defensa que la psicología y el psicoanálisis definen como proyección (y que hemos descripto)
• significan aspectos proyectados del psiquismo en el grafismo (en este caso en la escritura, pues la psicología también considera como proyección el dibujo y las percepciones visuales en los tests de imágenes).

De este modo, hemos visto los rudimentos del análisis grafológico, siempre haciendo hincapié en un análisis metódico y racional, sin caer en esquematismos ni en generalizaciones, y considerando cada ítem en combinación con otros y no por separado.

Pero también, además de lo recorrido, es importante señalar que existen otros aspectos que no hemos considerado en esta obra y que también forman parte del análisis grafológico completo.

Por una cuestión de extensión, no los hemos abarcado, pues son suficientes en sí mismos para otro trabajo.

Sin embargo, entendemos que es fundamental e ineludible mencionarlos, aclarando que no puede haber diagnóstico en grafología sin tenerlos en cuenta.

Esos aspectos son:

• el análisis por separado de cada letra
• el análisis de los distintos tipos de personalidad en las letras
• el uso del margen
• el uso de los detalles o los signos pequeños
• los signos de genialidad en la escritura
• las resultantes y combinaciones de todos estos aspectos con los estudiados en este libro.

Considerando la totalidad de estos elementos, creemos que hemos acercado a ustedes, una herramienta muy útil, tanto para los campos profesionales o laborales, como para la vida cotidiana. Siempre con la indicación de la mesura en el análisis y el conocimiento de la aproximación que implica.

Esperamos que esta obra sea de utilidad para estos propósitos.